INVENTAIRE
V 38269

V

V

EXPOSITION

DE

PEINTURE ET DE SCULPTURE.

EXPOSITION
DE
PEINTURE ET DE SCULPTURE

ORGANISÉE PAR LES SOINS

de

LA SOCIÉTÉ DES AMIS DES ARTS

SOUS LE PATRONAGE

DE

L'Académie nationale des Sciences, Lettres, Arts et Agriculture

DE METZ.

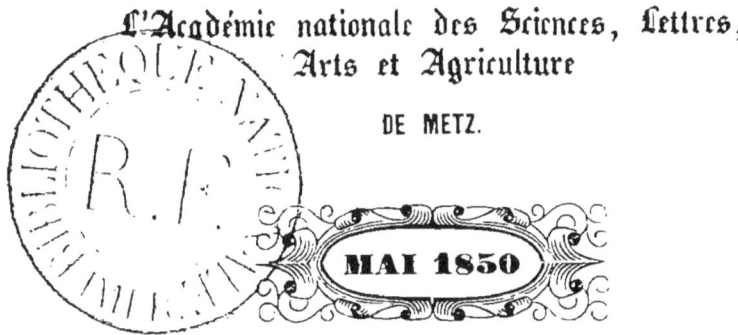

MAI 1850

Nota. Les personnes qui désireront des billets pour la Loterie des tableaux qui sera tirée à la fin de l'Exposition, c'est-à-dire à la fin de mai, sont priées de s'adresser à l'Agent de la Société, dont le bureau est dans l'antichambre. Le prix du billet est de 5 fr. Les souscripteurs de trois billets au moins, auront droit à une gravure inédite, et concourront en outre au tirage des divers lots.

METZ,

Typographie et Lithographie de NOUVIAN,

Au bas de la rue Tête-d'Or.

1850

CATALOGUE

DES

OBJETS EXPOSÉS.

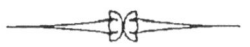

M. **Bernard** (de Paris).	1. Portrait de Mlle J***.
M. **Bornschlegel** (de Paris).	2. Jeune femme jouant avec des chiens.
	3. La lecture.
	4. Une famille de Bohémiens.
	5. Fondeurs de cuillers.
M. **Cathelinaut**.	6. Jeune fille jouant avec un chien.
	7. L'étable.
	8. Portrait de M. ***.
	9. — de M. T***.

M. Raimond **Des Robert.**	10. Vue de l'amphithéâtre de Taormina, en Sicile.
	11. Portrait en pied de M. C. de M***
	12. Vue prise à Nice.
	13. Portrait des enfans de M. de S***
	14. Antique porte de Cumes, près de Naples.
	15. Vieille porte à Vichy.
	16. Portrait du fils de M. D***.
M. Th. **Devilly.**	17. Cheval arabe.
	18. Portrait de M. le capitaine R***.
Mme Emile **Faivre.**	19. Portrait de Mlle S*** (miniature).
Mrs Octave et Emile **Faivre.**	20. Deux Cerfs (paysage à la plume).
M. Emile **Faivre.**	21. Pastorale (au fusain).
	22. Blaise Pascal (au fusain).
	23. Iris (aquarelle).
	24. Pivoines (aquarelle).
M. **Fouquet,** (Théodore-Achille) 14, rue St-Louis, à Verdun.	25. Etable.
	26. La Charité.
	27. Portrait d'enfant.
	28. Portrait de M. F. A***.
Mlle **Fournel.**	29. Portrait de M. le conseiller D***.
	30. Portrait de Mme la marquise de C***.

M. Goguillé.	31. Paysage.
M. Guérard (de Nancy).	32. Une procession sous Henri II.
	33. Café en Algérie.
	34. Vue intérieure du jardin de R***.
	35. Un Chasseur d'Afrique.
	36. Cavalier rouge d'Abd-el-Kader.
Mlle **Humbert** (Adèle).	37. Etude de vieille femme.
	38. Portrait de Mlle ***.
Mlle **Humbert** (Cécile).	39. Intérieur villageois.
M. **Hussenot** père, rue aux Ours, 20.	40. Portrait de M. H. de D***.
	41. — de M. le Cte d'H***, membre de l'Assemblée législative.
	42. — de M. le G^{al} marquis de C*** (portrait fait après la mort).
	43. — de M. le Bon Van der S. P***.
	44. — de Mlle O. H***.
	45. — de M. M***.
M. Joseph **Hussenot**.	46. Le martyr de Saint-Sébastien.

On lança sur lui une grêle de flèches, de sorte qu'il fut laissé

M. Joseph Hussenot (Suite).

pour mort : néanmoins son âme résista à tous ces coups, comme si elle eut eu de la peine à quitter un si noble corps ; et le Saint tout consolé des faveurs divines, et brûlant du feu d'une admirable charité, faisait un holocauste à Dieu de toutes ses puissances et de tout lui-même.

(Le martyrologe romain).

47. Arrestation du conseiller Broussel par M. de Comminges, capitaine des gardes de la reine-mère (dess. à la plume).
48. Une Patrouille du guet, en 1700 (dessin à la plume).
49. Une Tête d'étude —
50. Peintre et Musicien —
51. Louis de Vargas, peintre espagnol du 16ᵉ siècle, donnait chaque jour des exemples de piété et d'austérité de mœurs. Ayant été chargé d'un travail important par ses concitoyens, il en fut tellement touché qu'il fit vœu devant l'autel de la Vierge de ne prendre de repos

M. Joseph Hussenot *(Suite)*.	ailleurs que dans son cercueil. Un matin son domestique ne le voyant pas descendre, monta chez lui, malgré sa défense, et le trouva mort. Ce vieux serviteur fut frappé si douloureusement à cette vue, qu'il tomba sans vie près du corps de son maître.
	52. Les premières études d'un jeune peintre (dessin à la plume).
	53. Une réunion préparatoire (dessin à la plume).
	54. La route du chef-lieu de canton (dessin à la plume).
	55. L'Écolier, le Pédant et le Maître d'un jardin (dess. à la plume). *(Fable de Lafontaine).*
M. **Lalaisse** (de Paris).	56. Artilleurs à cheval.
	57. Trompette des hussards.
Mlle Alexandrine **Lallement**.	58. Portrait de M. N*** (miniature).
	59. — de Mme N*** —
	60. — de M. le Vte T*** —
	61. — de Mme la V{se} T*** —
	62. — de Mlle M. de L*** —

M. A. de **Lemud.** 63. Les Hirondelles.
64. Fantaisie.
65. Portrait de M. F. de L***.

M. F. de **Lemud.** 66. Six Croquis (aquarelle).

M. **Liénard** (Félix) 67. Un Chien mort.
de Verdun.

M. Léon **Lyon** 68. Saint Antoine.
(rue des Récollets, 69. Portrait en pied de Mme F. L***.
3, à Metz). 70. — de M. M*** (miniature à l'huile).
71. — de Mlle A*** (miniature à l'huile.
72. Petit portrait en pied de Monsieur M. L***.

M. **Malardot.** 73. Le Marais (eau forte).
74. Vue des Vosges —
75. Sapins des Vosges —
76. Ruines dans les Vosges —
77. Vue des Vosges —

M. **Mannier** 78. Bouleaux au 1er novembre
Charles (forêt de Fontainebleau).
(de Wesserling, 79. Chênes — —
Haut-Rhin). 80. Une mare sur un plateau (forêt de Fontainebleau).
81. Crépuscule.

M. **Maréchal**, père, chevalier de la Légion d'honneur.

82. Croquis d'après nature (pastel).
83. — — —
84. — — —
85. — — —
86. — — —
87. — — —
88. — — —
89. Étude — —
90. — — —
91. — d'après Van Dyck —
92. — — —
93. — d'après Rubens —
94. — — —
95. — — —
96. — — —
97. — — —
98. — — —
99. — — —
100. — — —
101. — — —
102. — — —
103. — — —
104. — — —
105. — — —
106. Croquis d'après nature —
107. — — —

M. Maréchal père. *(Suite)*.	108. Croquis d'après nature (pastel).
	109. — — —
	110. — — —
	111. Portrait de Mlle ***.
M. **Maréchal** (Raphael).	112. Les Naufragés (au fusain).
	113. La lecture des Hérésiarques (vitrail de couleur).
	114. Carton du même sujet (fusain).
M. **Maté** (de Montpellier).	115. Portrait de M. le Command^t de B***.
M. **Mennessier** (Auguste).	116. Etude de Chevaux et Costumes de la Forêt-Noire.
	117. Effet d'Incendie par un clair de lune.
	118. L'Abreuvoir, paysage lorrain.
	119. Effet de Soleil couchant.
	120. La sortie de la Procession, souvenir de Suisse.
	121. Vue prise dans un parc anglais (Berkshire).
	122. Sépia et noir d'ivoire.
	123. Intérieur d'une petite ville sur les bords de la Moselle.
	124. Entrée d'une petite ville sur les bords de la Moselle.

M. Auguste Mennessier *(Suite)*.	125. 126. 127. 128.	Les quatre dernières heures du jour, souvenirs de différents pays.

                     129. Deux Paysages (manière noire).
                     130. Deux Paysages —
                     131. Etudes —

M. **Mennessier** (Louis).
                     132. Grenadier de l'armée d'Egypte (statuette).
                     133. St-Louis.
                     134. Ravenswood.
                     135. Wallace.
                     136. Portrait de M. L. M***.
                     137. Mousquetaire de 1726.
                     138. Arquebusier à cheval de 1631.

M. Emile **Michel**. 139. Un Brouillard.
                     140. Le Matin.
                     141. Terrains d'hiver.
                     142. Après l'orage.
                     143. Entre deux pluies.
                     144. Première Gelée.

M. **Migette**. 145. Construction des arches de Jouy par une légion romaine (fusain).

— 14 —

M. Migette
(Suite).

146. Metz prise et saccagée par Attila, le 8 avril 451. — Vue de la porte Scarponaise et de l'Amphithéâtre.
147. Ambroise Paré sur la brèche de la porte Serpenoise; siége de Metz de 1552.
148. La ville de Metz surprise et attaquée le 9 avril 1473, par le duc Nicolas de Lorraine, et sauvée par le boulanger Harelle. Vue de la porte Serpenoise et de l'abbaye Saint-Arnould.
149. Représentation du mystère de St-Clément, sur la place de Chambre, à Metz; 1485.
150. Une vue de la Moselle, près l'Esplanade.
151. Une vue de la Moselle, près Montigny-lès-Metz.
152. Vue des bords de la Moselle.

Mlle Paigné.

153. Portrait de M. E. S. (pastel).
154. Portrait de M. *** —
155. Tête d'étude —

M. Pierné.	156. Portrait de M. D***.
M. Auguste Rolland.	157. La Lecture (paysage au pastel).
	158. La Ruine — —
	159. Le Chevrier — —
	160. Les Chiens courants.
	(paysage au pastel).
	161. Chênes — —
	162. Les mares de Breuil à Rémilly
	(paysage au pastel).
	163. Soleil couchant
	(paysage au pastel)
	164. Crépuscule — —
	165. Les Hérons — —
	166. Paysage — —
	167. Croquis — —
	168. Croquis — —
	169. Croquis — —
M. Salzard.	170. Un Nègre.
	171. Bohémien.
Mme Sturel, née Octavie Paigné.	172. Deux jeunes filles (pastel).
	173 Raisins et Fleurs —
	174. Pivoines —
	175. Raisins, Fleurs —
	176. Fleurs —
	177. Fleurs —

M. Auguste **Vicherat**, (à Sorcy, Meuse).

178. Vas insigne devotionis; (statue en pierre blanche de Sorcy).
179. Stella matutina (statue en pierre blanche de Sorcy).
180. Buste de M. Et***, membre de l'Institut (statue en pierre blanche de Sorcy).

M. **Wagner**.

181. La prière (étude).
182. Portrait de M. W***.
183. Portrait de Mlle A. W***.

M. **Wenkel**, rue du Petit-Paris, 3, à Metz.

184. Portrait de M. Aug. R*** (pastel).
185. Portrait de M. W***.
186. Portrait de Mlle ***.
187. Tête d'étude.
188. Tête d'étude.

M. **Wagner**.

189. Portrait de M. Ch. de W.

M. Th. **Devilly**.

190. Etude.
191. Messager marocain.

Mlle **Haillecourt**.

192. Portrait de Mlle L. G*** (miniature).
193. Portrait de Mme d'A*** —
194. Portrait de M. d'A*** —

— 17 —

Mme L. d'**Esménard** 195. Diana Vernon (étude au pastel).

M. **Wagner**. 196. Portrait de M. R***.

M.L. **Moullin**, 197. Chaumière du Perche.
(de 198. Vue de la rivière d'Huisne (sur
Nogent-le-Rotrou) bois).

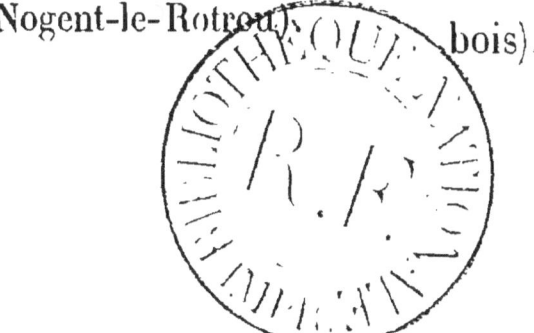

BIBLIOTHEQUE NATIONALE DE FRANCE

3 7531 00536583 9

www.ingramcontent.com/pod-product-compliance
Lightning Source LLC
Chambersburg PA
CBHW030106230526
45471CB00003B/1282